AF369532

5 NOV. 1913

VENTE

Du Mercredi 5 Novembre 1913

HOTEL DROUOT, SALLE N° 7

A 2 HEURES

EXPOSITION PUBLIQUE
Le Mardi 4 Novembre 1913
De 1 heure 1/2 à 6 heures

OBJETS D'ART

TABLEAUX ANCIENS ET MODERNES

EAU-FORTE PAR MERYON

Livres Anciens

MEUBLES ANCIENS & MODERNES

TAPISSERIE, TAPIS

Appartenant à Monsieur G...

COMMISSAIRE-PRISEUR
M° F. LAIR-DUBREUIL
EXPERTS
MM. PAULME & B. LASQUIN Fils

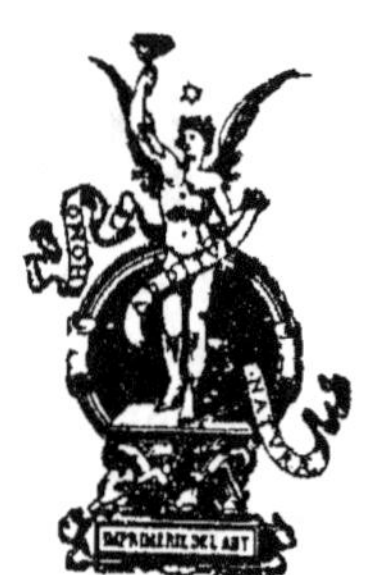
IMPRIMERIE DE L'ART

CATALOGUE

DES

OBJETS D'ART

TABLEAUX ANCIENS ET MODERNES

EAU-FORTE PAR MERYON

BRONZES D'AMEUBLEMENT

CÉRAMIQUE

LIVRES ANCIENS

MEUBLES ET SIÈGES ANCIENS ET MODERNES

Sièges recouverts en ancienne Tapisserie

TAPISSERIE ANCIENNE

TAPIS, ETC.

Appartenant à Monsieur G...

DONT LA VENTE AUX ENCHÈRES PUBLIQUES AURA LIEU

HOTEL DROUOT, SALLE N° 7

LE MERCREDI 5 NOVEMBRE 1913

A deux heures

COMMISSAIRE-PRISEUR

Me F. LAIR-DUBREUIL, 6, rue Favart

EXPERTS

MM. PAULME ET B. LASQUIN FILS

10, rue Chauchat - 11, rue de la Grange-Batelière

Chez lesquels se distribue le présent Catalogue

EXPOSITION PUBLIQUE

Le Mardi 4 Novembre 1913, de 1 h. 1/2 à 6 heures

CONDITIONS DE LA VENTE

Elle sera faite au comptant.

Les adjudicataires paieront *dix pour cent* en sus des enchères.

Paris. — Imp. de l'Art, Ch. Berger, 41, rue de la Victoire.

DÉSIGNATION

TABLEAUX

DESSIN

CANALETTO (?)

1 — *Place Saint-Marc, à Venise.*

Toile. Haut., 36 cent.; larg., 54 cent.

CRAESBECK (Genre de)

2 — *Scène de cabaret.*

Panneau. Haut., 35 cent.; larg., 42 cent.

ÉCOLE ALLEMANDE

3 — *Henri IV et Gabrielle.*

Dessin. Haut., 19 cent.; larg., 24 cent.

ÉCOLE ANGLAISE

4 — *Portrait de Femme.*

Toile. Haut., 65 cent.; larg., 50 cent.

ÉCOLE FLAMANDE

5 — *Le Peintre et son modèle.*

Panneau. Haut., 39 cent.; larg., 31 cent.

ÉCOLE FRANÇAISE

6 — *Portrait de Femme en Flore.*

Toile. Haut., 92 cent.; larg., 86 cent.

Cadre en bois sculpté doré.

ÉCOLE FRANÇAISE

7 — *Portrait de Femme en costume Régence.*

Toile. Haut., 76 cent.; larg., 62 cent.

Cadre en bois sculpté doré.

ÉCOLE FRANÇAISE

8 — *Jeune Femme à la rose.*

Toile. Haut., 78 cent.; larg., 62 cent.

Cadre en bois sculpté doré.

ÉCOLE HOLLANDAISE

9 — *L'Hiver.* (Rivière gelée et personnages.)

Panneau. Haut., 29 cent.; larg., 39 cent.

ÉCOLE HOLLANDAISE

10 — *L'Hiver.*

Haut., 45 cent.; larg., 63 cent.

Panneau signé : *Schweickardt (?) 1785.*

ÉCOLE ITALIENNE

11 — *La Vierge et l'Enfant Jésus avec des anges.*

Panneau. Haut., 35 cent. 1/2; larg., 27 cent. 1/2.

ÉCOLE ITALIENNE

12 — *Sainte Véronique et le Christ.*

> Toile. Haut., 1 m. 35 cent.; larg., 1 m. 80 cent.

HOBBEMA (Genre de)

13 — *Paysage et paysans.*

> Panneau. Haut., 37 cent.; larg., 53 cent.

JANSSEN (Attribué à)

14 — *Assemblée à La Haye.*

> Panneau. Haut., 12 cent.; larg., 15 cent. 1/2.
> Cadre en bois sculpté doré.

LECLERC DES GOBELINS (Attribué à)

15 — *Le Jardinage. — La Cueillette.*

> Deux panneaux faisant pendants.
> Haut., 34 cent. 1/2; larg., 26 cent. 1/2.

RIGAUD (D'après H.)

16 — *Portrait d'un Maréchal.*

> Vu à mi-corps, vêtu de la cuirasse et tenant le bâton
> de commandement.
> Toile. Haut., 1 m. 15 cent.; larg., 85 cent.
> Cadre ancien en bois sculpté doré.

VALLIN

17 — *Bacchantes dans un paysage.*

Panneau, signé et daté.

Haut., 32 cent.; larg., 41 cent.

Cadre en bois sculpté doré.

EAU-FORTE MODERNE

MERYON (Ch.)

18 — *L'Abside de Notre-Dame.*

Très belle épreuve avec le nom, le millésime et l'adresse. Marge.

LIVRES ANCIENS

ET MODERNE

19 — **Colardeau**. *Le Temple de Gnide*, mis en vers par M. Colardeau. Paris 1773, in-8° avec figures. Reliure moderne en maroquin par Allo.

20 — **La Motte** (Houdard de). *Fables nouvelles*, dédiées au Roy par M. de La Motte, de l'Académie française. Paris, 1719, in-4°, figures. Reliure moderne, maroquin bleu à dentelle.

21 — **Lougus.** *Les Amours pastorales de Daphnis et Chloë* (Traduites du grec par Amyot) avec figures, 1718. Petit in-8°. Frontispice et figures par le Régent; une gravure par le comte de Caylus connue sous le nom des *Petits Pieds*. Veau écaille. Reliure ancienne.

22 — **Portalis** (Baron Roger). *Honoré Fragonard*, sa vie et son œuvre. Paris, J. Rothschild. Grand in-8° orné de 210 pl. et vignettes (Épuisé). Relié.

23 — **Querlon** (Meunier de). *Les Grâces*, recueil de différents ouvrages sur les Grâces (en prose et en vers). Paris, 1769. Grand in-8°, figures. Maroquin rouge. Reliure moderne.

24 — **Rousseau** (J.-J.). Recueil de vignettes provenant de différentes éditions des œuvres de J.-J. Rousseau, d'après Moreau le Jeune et autres. Reliure moderne en maroquin rouge par Dubois.

PORCELAINES, FAIENCES

BISCUITS

25 — Bol en porcelaine imitant la Compagnie des Indes, et deux bouteilles à long col en porcelaine à décor de style coréen.

26 — Deux potiches, forme balustre, avec couvercles en porcelaine du Japon ; montures en bronze.

27 — Deux vases couverts en porcelaine genre Chine.

28 — Deux bouteilles de même porcelaine.

29 — Pot couvert de même porcelaine ; monture bronze.

30 — Deux potiches hexagones, couvertes en porcelaine, genre Chelsea, à décor de réserves sur fond bleu.

31 — Deux flacons à thé, de même porcelaine et décor analogue.

32 — Paire de vases-cassolettes en porcelaine anglaise, à fond bleu et dorure.

33 — Deux statuettes en porcelaine de Saxe : Arlequins.

34 — Huit statuettes diverses en porcelaine décorée, genre Saxe ou Chelsea.

35 — Écritoire en porcelaine de Saxe, surdécorée de médaillons à personnages.

36 — Déjeuner solitaire en porcelaine genre Sèvres.

37 — Vase couvert formant écritoire. — Flacon à parfum. Même porcelaine.

38 — Deux vases en porcelaine décorée de sujets champêtres en couleurs. Montures en bronze.

39 — Corbeille ajourée et assiette en porcelaine de Copenhague. — Arrosoir en porcelaine décorée.

40 — Petit buste de femme en biscuit.

41 — Pot à tabac en grès émaillé. — Perroquet formant flacon en faïence émaillée.

42 — Groupe en terre cuite composé de six enfants nus figurant les Vendanges.

Haut., 55 cent.

43 — Buste du roi Louis XV en biscuit.

Haut., 48 cent.

44 — Groupe en biscuit figurant Apollon et quatre muses.

OBJETS DIVERS

45 — Éventail à monture de corne simulant
l'écaille et feuille en couleurs.

46 — Cinq miniatures ovales : Portraits de femmes.

47 — Très petit christ en ivoire.

48 — Statuette de Napoléon, en ivoire, sur socle de
même matière.

49 — Onze statuettes de personnages musiciens, en
argent.

Haut., 11 cent.

BRONZES

D'AMEUBLEMENT

PENDULES, ETC.

50 — Garniture de cheminée en bronze patiné et bronze doré, d'époque Empire, comprenant une pendule et deux vases. La pendule offre une statuette de l'Amour en bronze patiné debout près d'un autel antique, dans lequel est encastré le mouvement. Les deux vases, de forme Médicis, sont ornés d'appliques en bas relief.

51 — Pendule en marbre blanc et bronze doré ; le mouvement, placé entre deux figures symbolisant les Arts et les Sciences, est couronné par une statuette de petit génie sur des nuages. Socle décoré d'appliques. Fin du xviiie siècle ou début du xixe siècle.

52 — Paire de flambeaux en bronze doré ; tiges cannelées à têtes de béliers et guirlandes de feuillages sur bases à tore de laurier. Époque Louis XVI.

53 — Paire de petits flambeaux formés chacun d'une figurine d'amour en bronze patiné portant une corne, sur socle cylindrique en marbre vert-de-mer. Époque Louis XVI.

54 — Paire de pelle et pincettes.

55 — Paire de chenets en bronze doré ; modèle à vases enguirlandés sur socles à cannelures. Époque Louis XVI.

56 — Cartel d'applique en bronze ciselé et doré, à décor de feuillages, fleurs et rocailles. Cadran marqué *Brisset, à Paris.* Époque Louis XV.

57 — Paire de bras-appliques Louis XVI à deux lumières, en bronze ciselé et doré. Modèle à gaines ajourées surmontées d'un vase, avec branches enguirlandées de draperies.

SIÈGES ET MEUBLES
ANCIENS ET MODERNES

58 — Six fauteuils en bois sculpté peint blanc, recouverts en ancienne tapisserie d'Aubusson du XVIIIe siècle, offrant chacun aux sièges et dossiers, sur fond blanc, une gerbe de fleurs encadrée d'une torsade de roses et rubans.

> Larg. d'un fauteuil, 60 cent.

59 — Chaise Louis XVI, à dossier-lyre, en bois mouluré peint. Elle a été enrichie d'entrelacs et autres ornements sculptés.

> Larg., 42 cent.

60 — Autre chaise analogue à la précédente.

> Larg., 42 cent.

61 — Petit ameublement de salon, comprenant un canapé et quatre fauteuils, en bois mouluré peint, recouvert de tapisserie à médaillons de personnages sur fond blanc et entourages de rinceaux et guirlandes de fleurs.

> Larg. du canapé, 1 m. 30 cent.

62 — Canapé, de forme contournée, en bois sculpté peint, recouvert d'étoffe.

63 — Trois fauteuils Louis XV en bois mouluré peint, recouverts d'étoffe veloutée simulant la tapisserie au point.

64 — Grand canapé en bois sculpté peint, recouvert d'étoffe à fond rose.

Long., 1 m. 85 cent.

65 — Console d'applique en bois sculpté doré, à
décor de feuillages et rocailles avec dessus
de marbre. Elle est accompagnée d'une glace
dans un cadre en bois sculpté doré de décor
analogue. Époque Louis XV.

Haut. totale, 2 m. 60 cent.

66 — Secrétaire de forme droite, à pans coupés à
colonnettes, en acajou mouluré, du temps de
Louis XVI. Ornementation de bronzes. Estam-
pille de *Moreau.* Dessus de marbre.

Haut., 1 m. 50 cent.; larg., 98 cent.

67 — Bureau plat en ébène et incrustation de filets
de cuivre, du temps de Louis XIV. Ornementation de bronzes : chutes, rosaces, patins, etc.

Long., 1 m. 40 cent.; larg., 72 cent.

68 — Table de tric-trac, du temps de Louis XVI, en
acajou, sur quatre pieds droits; ornementation
de bronzes.

69 — Deux guéridons en acajou, à pieds cannelés,
surmontés de chapiteaux ioniques; dessus de
marbre blanc ceinturé de cuivre.

Diam., 65 cent.

70 — Paravent à cinq feuilles en bois sculpté peint,
garni de panneaux faits de gravures découpées,
collées et coloriées.

Larg. d'une feuille, 45 cent.

71 — Vitrine ouvrant à une porte en bois de rose,
ornementée de bronzes. Dessus de marbre.

Haut., 1 m. 55 cent.; larg., 65 cent.

72 — Console en bois sculpté doré reposant sur
quatre pieds, forme carquois, réunis par un croi-
sillon ; ceinture décorée de canaux, rosace et
laurier. Dessus de marbre.

Long., 1 m. 35 cent.

73 — Paire de meubles d'encoignure en bois de
placage, garnis de bronzes. Dessus de marbre
blanc.

TAPISSERIE ANCIENNE

TAPIS

74 — Tapisserie flamande, du commencement du
xviiie siècle, offrant un écusson d'armoiries ;
encadrement de bordures présentant, sur les
côtés, des colonnes ; en haut et en bas, cartel
armorié et mascaron placés entre deux guirlandes de fruits et feuillages.

Haut., 3 m. 15 cent.; larg., 2 m. 75 cent.

75 — Tapis de pied en tissu dit de Savonnerie, du
temps de la Restauration, offrant, au centre, un
masque de Phébus, encadré de couronnes de
fleurs, de feuillages et de fruits et cantonné de
six médaillons offrant des cassolettes, des cartou-
ches, etc. Encadrement treillage sur fond jaune.

Long., 3 m. 40 cent.; larg., 3 m. 20 cent.

76-77 — Deux petits tapis d'Orient.

78 — Objets omis au présent catalogue.

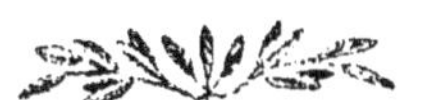